무량공덕 사경 5

千手經

 권하는 글

사경은 무량공덕의 기도

무비 스님

부처님께서 말씀하시기를 "수보리야, 나는 과거 무량아승지겁 동안 팔백 사천 만억이나 되는 수많은 부처님을 받들어 섬기고 공양(供養)올렸느니라. 그러나 만약 어떤 사람이 이 천수경을 쓰거나 독송하여 얻은 공덕(功德)과 비교한다면 부처님을 받들어 섬기고 공양한 공덕으로는 천만분의 일도 미치지 못하느니라. 왜냐하면 이 경전의 의미는 불가사의하며 그 과보(果報)도 또한 불가사의하기 때문이니라."라고 하시었습니다.

천수경은 천수천안 관세음보살 광대원만 무애대비심 다라니경의 줄임말입니다. 이것은 관세음보살의 자비와 지혜를 통하여 바람직한 삶을 제시해 주는 경전입니다. 또한 관세음보살이 천수경 안에 있는 천수다라니를 설하시고 그 공덕과 지송법을 설하신 경으로 우리나라에서는 모든 의식에서 꼭 이 경을 지송하고 있습니다. 우리는 이 경에서 마땅히 대자대비심을 배우고 무상 보리심을 배우며 보살도를 닦아 일체중생을 구호하는 큰 지혜를 배워야 하겠습니다.

경전을 통한 수행에는 네 가지를 듭니다. 서사(書寫)·수지(受持)·독송(讀誦)·해설(解說)이 그것입니다. 서사란 사경(寫經)으로서 경전을 쓰는 일입니다. 경전을 쓰는 일은 온 몸과 마음을 다해야 하기 때문에 최상제일이며 무량공덕의 기도가 됩니다. 사람이 살아가는 일에 있어서 이보다 더 소중하고 값진 일은 없을 것입니다.

사경공덕수승행 무변승복개회향
寫經功德殊勝行 無邊勝福皆廻向
보원침익제유정 속왕무량광불찰
普願沈溺諸有情 速往無量光佛刹

경을 쓰는 이 공덕 수승하여라
가없는 그 복덕 모두 회향하여
이 세상의 모든 사람 모든 생명들
무량광불 나라에서 행복하여지이다.

불기 2545년 동안거

발 원 문

사경제자 :   합장

사경시작 일시 :   년   월   일

사경의식

삼귀의례

　거룩한 부처님께 귀의합니다.

　거룩한 가르침에 귀의합니다.

　거룩한 스님들께 귀의합니다.

개경게

　가장 높고 미묘하신 부처님 법

　백천만 겁 지나도록 인연 맺기 어려워라

　내가 이제 불법진리 보고 듣고 옮겨 쓰니

　부처님의 진실한 뜻 깨우치기 원합니다.

사경발원

　자신이 세운 원을 정성스런 마음으로 발원한다.

입정

　정좌해서 마음을 고요히 하여 사경할 자세를 갖춘다.

사경시작

사경끝남

사경봉독

   손수 쓴 경전을 소리내어 한 번 독송한다.

사경회향문

   경을 쓰는 이 공덕 수승하여라
   가없는 그 복덕 모두 회향하여
   이 세상의 모든 사람 모든 생명들
   무량광불 나라에서 행복하여지이다.

불전삼배

사홍서원

   중생을 다 건지오리다.
   번뇌를 다 끊으오리다.
   법문을 다 배우오리다.
   불도를 다 이루오리다.

千手經
_{천 수 경}

◇ 淨口業眞言
_{정 구 업 진 언}

『수리수리 마하수리 수수리 사바하』_(세번)

◇ 五方內外安慰諸神眞言
_{오 방 내 외 안 위 제 신 진 언}

『나무 사만다 못다남 옴 도로도로

「지미사바하」(세 번)

◇ 開經偈
   개경게

無上甚深微妙法　百千萬劫難遭遇
무상심심미묘법　백천만겁난조우

我今聞見得受持　願解如來眞實意
아금문견득수지　원해여래진실의

◇ 開法藏眞言
   개법장진언

「옴 아라남 아라다」(세 번)

千手千眼 관자재보살 觀自在菩薩 광대원만 廣大圓滿

無碍大悲心 대다라니 계청 大陀羅尼 (啓請)

稽首觀音大悲呪 원력홍심상호신 願力弘深相好身

千臂莊嚴普護持 천안광명변관조 千眼光明遍觀照

眞實語中宣密語 무위심내기비심 無爲心內起悲心

速令滿足諸希求 영사멸제제죄업 永使滅除諸罪業

天龍衆聖同慈護 천룡중성동자호
百千三昧頓熏修 백천삼매돈훈수
受持身是光明幢 수지신시광명당
受持心是神通藏 수지심시신통장
洗滌塵勞願濟海 세척진로원제해
超證菩提方便門 초증보리방편문
我今稱誦誓歸依 아금칭송서귀의
所願從心悉圓滿 소원종심실원만
南無大悲觀世音 나무대비관세음
願我速知一切法 원아속지일체법
南無大悲觀世音 나무대비관세음
願我早得智慧眼 원아조득지혜안

南無大悲觀世音 나무대비관세음 願我速知一切衆 원아속지일체중

南無大悲觀世音 나무대비관세음 願我早得善方便 원아조득선방편

南無大悲觀世音 나무대비관세음 願我速乘般若船 원아속승반야선

南無大悲觀世音 나무대비관세음 願我早得越苦海 원아조득월고해

南無大悲觀世音 나무대비관세음 願我速得戒定道 원아속득계정도

南無大悲觀世音 나무대비관세음 願我早登圓寂山 원아조등원적산

南無大悲觀世音 나무대비관세음
願我速會無爲舍 원아속회무위사
南無大悲觀世音 나무대비관세음
願我早同法性身 원아조동법성신
我若向刀山 아약향도산
刀山自摧折 도산자최절
我若向火湯 아약향화탕
火湯自消滅 화탕자소멸
我若向地獄 아약향지옥
地獄自枯渴 지옥자고갈
我若向餓鬼 아약향아귀
餓鬼自飽滿 아귀자포만

我若向修羅 아약향수라 惡心自調伏 악심자조복
我若向畜生 아약향축생 自得大智慧 자득대지혜
南無觀世音菩薩摩訶薩 나무관세음보살마하살
南無大勢至菩薩摩訶薩 나무대세지보살마하살
南無千手菩薩摩訶薩 나무천수보살마하살
南無如意輪菩薩摩訶薩 나무여의륜보살마하살

南無大輪菩薩摩訶薩 나무대륜보살마하살

南無觀自在菩薩摩訶薩 나무관자재보살마하살

南無正趣菩薩摩訶薩 나무정취보살마하살

南無滿月菩薩摩訶薩 나무만월보살마하살

南無水月菩薩摩訶薩 나무수월보살마하살

南無軍茶利菩薩摩訶薩 나무군다리보살마하살

南無十一面菩薩摩訶薩
나무 십일면 보살마하살

南無諸大菩薩摩訶薩
나무 제대보살마하살

「南無本師阿彌陀佛」〈세 번〉
나무 본사 아미타불

◇ 神妙章句大陀羅尼 (신묘장구대다라니)

나모라 다나다라 야야 나막알약 바로기제 새바라야 모지사다바야 마하사다바야 마하가로 니가야 옴 살바 바예수 다라나 가라야 다사명 나막 가리다바 이맘알야 바로기제 새

바라다 바 니라 간타 나막하리나야

마발다 이 사미 살발타 사다남 수반

아예염 살바 보다남 바바말아 미수

다감 다나타 옴 아로계 아로가 마지

로가 지가 란제 혜혜 하례 마하모지

사다 바 사마라 사마라 하리나야 구

로 루 로 갈 마 사 다 야 도 로 도
미 연 제 마 하 미 연 제 다 라 다 라 다
린 나 례 새 바 라 자 라 자 라 마 라 미 마
라 아 마 라 볼 제 예 혜 혜 로 계 새 바 라
라 아 미 사 미 나 사 야 나 베 사 미 사 미
나 사 야 모 하 자 라 미 사 미 나 사 야 호

로 호 마 라 호 로 하 례 바 나 마 나 바

사 라 사 라 시 리 시 리 소 로 소 로 못 자

못 자 모 다 야 모 다 야 매 다 리 야 니 라

간 다 가 마 사 날 사 남 바 라 하 리 나 야

마 낙 사 바 하 싯 다 야 사 바 하 마 하 사

다 야 사 바 하 싯 다 유 예 새 바 라 야 사

바하 니라간타야 사바하 바라하
목카 싱하 목카야 사바하
바나마 하따
바마하 싱하 목카야 사바하
사바하 자가라 욕다야 사바하
상카 섭나네 모다나야 사바하
마하 라 구타다라야 사바하
마하 사간타 이
사시체다 가릿나 이나야 사바하
먀

「나모라 다나다라 야야 나막알야 바로기제 새바라야 사바하」(세번)

가라 잘마이바 나야 사바하

◇ 四方讚 사방찬

一灑東方潔道場 일쇄동방결도량

二灑南方得淸凉 이쇄남방득청량

三灑西方俱淨土 삼쇄서방구정토

四灑北方永安康 사쇄북방영안강

◇ 道場讚 도량찬

道場淸淨無瑕穢 도량청정무하예

三寶天龍降此地 삼보천룡강차지

我今持誦妙眞言 아금지송묘진언

願賜慈悲密加護 원사자비밀가호

◇懺悔偈 참회게

我昔所造諸惡業 아석소조제악업
從身口意之所生 종신구의지소생
皆由無始貪瞋癡 개유무시탐진치
一切我今皆懺悔 일체아금개참회

◇懺除業障十二尊佛 참제업장십이존불

南無懺除業障寶勝藏佛 나무참제업장보승장불

寶光王火炎照佛 보광왕화염조불

一切香火自在力王佛 일체향화자재력왕불

百億恒河沙決定佛 백억항하사결정불

振威德佛 진위덕불

金剛堅强消伏壞散佛 금강견강소복괴산불

寶光月殿妙音尊王佛 보광월전묘음존왕불

歡喜藏摩尼寶積佛 환희장마니보적불

無盡香勝王佛 무진향승왕불

獅子月佛 사자월불 歡喜莊嚴珠王佛 환희장엄주왕불

帝寶幢摩尼勝光佛 제보당마니승광불

◇ 十惡懺悔 십악참회

殺生重罪今日懺悔 살생중죄금일참회

邪淫重罪今日懺悔 사음중죄금일참회

綺語重罪今日懺悔 기어중죄금일참회

偸盜重罪今日懺悔 투도중죄금일참회

妄語重罪今日懺悔 망어중죄금일참회

兩舌重罪今日懺悔 양설중죄금일참회

惡口重罪今日懺悔
악구중죄금일참회

瞋恚重罪今日懺悔
진에중죄금일참회

貪愛重罪今日懺悔
탐애중죄금일참회

癡暗重罪今日懺悔
치암중죄금일참회

百劫積集罪
백겁적집죄

一念頓蕩除
일념돈탕제

如火焚枯草
여화분고초

滅盡無有餘
멸진무유여

罪無自性從心起
죄무자성종심기

心若滅時罪亦亡
심약멸시죄역망

罪亡心滅兩俱空
죄망심멸양구공

是則名爲眞懺悔
시즉명위진참회

◇ 懺悔眞言 (참회진언)

「옴 살바 못자 모지 사다야 사바하」(세번)

准提功德聚 (준제공덕취)
寂靜心常誦 (적정심상송)
一切諸大難 (일체제대난)
無能侵是人 (무능침시인)
天上及人間 (천상급인간)
受福如佛等 (수복여불등)
遇此如意珠 (우차여의주)
定獲無等等 (정획무등등)

『南無七俱胝佛母大准提菩薩』〔세번〕
나무칠구지불모대준제보살

◇ 淨法界眞言
성법계진언

『옴 남』〔세번〕

◇ 護身眞言
호신진언

『옴 치림』〔세번〕

◇ 觀世音菩薩本心微妙六字大明王眞言
관세음보살본심미묘육자대명왕진언

「옴 마니 반메 훔」(세번)

◇ 准提眞言
준제진언

「나무 사다남 삼먁삼못다 구치남 다냐타 옴 자례주례 준제 사바하 부림」(세번)

我今持誦大准提 아금지송대준제
卽發菩提廣大願 즉발보리광대원
願我定慧速圓明 원아정혜속원명
願我功德皆成就 원아공덕개성취
願我勝福遍莊嚴 원아승복변장엄
願共衆生成佛道 원공중생성불도

여래십대발원문 如來十大發願文

願我永離三惡道 원아영리삼악도
願我速斷貪瞋癡 원아속단탐진치
願我常聞佛法僧 원아상문불법승
願我勤修戒定慧 원아근수계정혜

願我恒隨諸佛學 원아항수제불학
願我決定生安養 원아결정생안양
願我分身遍塵刹 원아분신변진찰

願我不退菩提心 원아불퇴보리심
願我速見阿彌陀 원아속견아미타
願我廣度諸衆生 원아광도제중생

◇ 發四弘誓願 발사홍서원

衆生無邊誓願度 중생무변서원도
法門無量誓願學 법문무량서원학

煩惱無盡誓願斷 번뇌무진서원단
佛道無上誓願成 불도무상서원성

自性衆生誓願度 자성중생서원도
自性法門誓願學 자성법문서원학
自性煩惱誓願斷 자성번뇌서원단
自性佛道誓願成 자성불도서원성

◇ 發願已歸命禮三寶 발원이귀명례삼보

「南無常住十方佛 나무상주시방불
南無常住十方法 나무상주시방법
南無常住十方僧」〔세번〕 나무상주시방승

千手經(천수경)

◇ 淨口業眞言(정구업진언)

「수리수리 마하수리 수수리 사바하」(세번)

◇ 五方內外安慰諸神眞言(오방내외안위제신진언)

「나무 사만다 못다남 옴 도로도로

「지미 사바하」 (세번)

◇ 開經偈
　　개경게

無上甚深微妙法
무상심심미묘법

百千萬劫難遭遇
백천만겁난조우

我今聞見得受持
아금문견득수지

願解如來眞實意
원해여래진실의

◇ 開法藏眞言
　　개법장진언

「옴 아라남 아라다」 (세번)

千手千眼 관자재보살 광대원만
천수천안 觀自在菩薩 廣大圓滿

無碍大悲心 大陀羅尼 啓請
무애대비심 대다라니 계청

稽首觀音大悲呪 願力弘深相好身
계수관음대비주 원력홍심상호신

千臂莊嚴普護持 千眼光明遍觀照
천비장엄보호지 천안광명변관조

眞實語中宣密語 無爲心內起悲心
진실어중선밀어 무위심내기비심

速令滿足諸希求 永使滅除諸罪業
속령만족제희구 영사멸제제죄업

天龍衆聖同慈護 천룡중성동자호
百千三昧頓熏修 백천삼매돈훈수
受持身是光明幢 수지신시광명당
受持心是神通藏 수지심시신통장
洗滌塵勞願濟海 세척진로원제해
超證菩提方便門 초증보리방편문
我今稱誦誓歸依 아금칭송서귀의
所願從心悉圓滿 소원종심실원만
南無大悲觀世音 나무대비관세음
願我速知一切法 원아속지일체법
南無大悲觀世音 나무대비관세음
願我早得智慧眼 원아조득지혜안

南無大悲觀世音 나무대비관세음
南無大悲觀世音 나무대비관세음
南無大悲觀世音 나무대비관세음
南無大悲觀世音 나무대비관세음
南無大悲觀世音 나무대비관세음
南無大悲觀世音 나무대비관세음

願我速度一切衆 원아속도일체중
願我早得善方便 원아조득선방편
願我速乘般若船 원아속승반야선
願我早得越苦海 원아조득월고해
願我速得戒定道 원아속득계정도
願我早登圓寂山 원아조등원적산

南無大悲觀世音 나무대비관세음
願我速會無爲舍 원아속회무위사

南無大悲觀世音 나무대비관세음
願我早同法性身 원아조동법성신

我若向刀山 아약향도산
刀山自摧折 도산자최절

我若向火湯 아약향화탕
火湯自消滅 화탕자소멸

我若向地獄 아약향지옥
地獄自枯渴 지옥자고갈

我若向餓鬼 아약향아귀
餓鬼自飽滿 아귀자포만

我若向修羅
아약향수라
惡心自調伏
악심자조복

我若向畜生
아약향축생
自得大智慧
자득대지혜

南無觀世音菩薩摩訶薩
나무관세음보살마하살

南無大勢至菩薩摩訶薩
나무대세지보살마하살

南無千手菩薩摩訶薩
나무천수보살마하살

南無如意輪菩薩摩訶薩
나무여의륜보살마하살

南無大輪菩薩摩訶薩 나무대륜보살마하살

南無觀自在菩薩摩訶薩 나무관자재보살마하살

南無正趣菩薩摩訶薩 나무정취보살마하살

南無滿月菩薩摩訶薩 나무만월보살마하살

南無水月菩薩摩訶薩 나무수월보살마하살

南無軍茶利菩薩摩訶薩 나무군다리보살마하살

南無十一面菩薩摩訶薩 나무십일면보살마하살

南無諸大菩薩摩訶薩 나무제대보살마하살

「南無本師阿彌陀佛」 나무본사아미타불 〈세번〉

◇ 神妙章句大陀羅尼 (신묘장구대다라니)

나모라 다나다라 야야 나막알약 바로기제 새바라야 모지사다바야 마하사다바야 마하가로 니가야 옴 살바 바예수 다라나 가라야 다사명 나막가리다바 이맘알야 바로기제새

바라 니라간타 나막하리나야 마발다 이사미 살발타 사다남 수반 아예염 살바 보다남 바바말아 미수 다감 다냐타 옴 아로계 아로가 마지 로가 지가란제 혜혜 하례 마하모지 사다바 사마라 사마라 하리나야 구

로 로 갈 마 사 다 야 사 다 야 도 로 도
미 연 세 마 하 미 연 제 다 라 다
란 나 레 새 바 라 자 라 마 라 미 마
라 아 마 라 몰 제 예 헤 혜 로 계 새 바 라
라 아 미 사 미 나 사 야 나 베 사 미 사 미
나 사 야 모 하 자 라 미 사 미 나 사 야 호

로 호 로 마 라 호 로 하 례 바 나 마 나 바
사 라 사 라 시 리 시 리 소 로 소 로 못 쟈
못 쟈 모 다 야 모 다 야 매 다 리 야 니 라
간 타 가 마 사 날 사 남 바 라 하 리 나 야
마 낙 사 바 하 싯 다 야 사 바 하 마 하 싯
다 야 사 바 하 싯 다 유 예 새 바 라 야 사

바하 니 라 타 야 사 바 하 바 라 하 목

카 싱 하 목 카 야 사 바 하 바 나 마 하 따

야 사 바 하 자 가 라 욱 다 야 사 바 하 상

카 섭 나 네 모 다 나 야 사 바 하 마 하 라

구 타 다 라 야 사 바 하 바 마 사 간 타

사 시 체 다 가 릿 나 이 나 야 사 바 하 먀

「나모라 다나다라 야야 나막알야 바로기제 새바라야 사바하 가라 잘마이바 사나야 사바하」(세 번)

◇ 四方讚 사방찬

一灑東方潔道場 일쇄동방결도량
二灑南方得清涼 이쇄남방득청량
三灑西方俱淨土 삼쇄서방구정토
四灑北方永安康 사쇄북방영안강

◇ 道場讚 도량찬

道場清淨無瑕穢 도량청정무하예
三寶天龍降此地 삼보천룡강차지
我今持誦妙眞言 아금지송묘진언
願賜慈悲密加護 원사자비밀가호

참회게

我昔所造諸惡業
아석소조제악업
皆由無始貪瞋癡
개유무시탐진치
從身口意之所生
종신구의지소생
一切我今皆懺悔
일체아금개참회

南無懺除業障十二尊佛
나무참제업장십이존불

南無懺除業障寶勝藏佛
나무참제업장보승장불

寶光王火焰照佛
보광왕화염조불

一切香火自在力王佛
일체향화자재력왕불

百億恒河沙決定佛
백억항하사결정불

振威德佛
진위덕불

金剛堅強消伏壞散佛
금강견강소복괴산불

寶光月殿妙音尊王佛
보광월전묘음존왕불

歡喜藏摩尼寶積佛
환희장마니보적불

無盡香勝王佛
무진향승왕불

獅子月佛(사자월불) 歡喜莊嚴珠王佛(환희장엄주왕불)
帝寶幢摩尼勝光佛(제보당마니승광불)

◇ 十惡懺悔(십악참회)

殺生重罪今日懺悔(살생중죄금일참회)
偸盜重罪今日懺悔(투도중죄금일참회)
邪淫重罪今日懺悔(사음중죄금일참회)
妄語重罪今日懺悔(망어중죄금일참회)
綺語重罪今日懺悔(기어중죄금일참회)
兩舌重罪今日懺悔(양설중죄금일참회)

악구중죄금일참회

진에중죄금일참회

백겁적집죄 일념돈탕제

이화분고초 멸진무유여

죄무자성송신기 심야멸시죄역망

죄망심멸양구공 시즉명위진참회

◇ 懺悔眞言
　참회진언

『옴 살바 못자 모지 사다야 사바하』(세번)

准提功德聚
준제공덕취

寂靜心常誦
적정심상송

一切諸大難
일체제대난

無能侵是人
무능침시인

天上及人間
천상급인간

受福如佛等
수복여불등

遇此如意珠
우차여의주

定獲無等等
정획무등등

「南無七俱胝佛母大准提菩薩」(세 번)
나무 칠 구 지 불 모 대 준 제 보 살

◇ 淨法界眞言
　정 법 계 진 언

「옴 남」(세 번)
　옴 남

◇ 護身眞言
　호 신 진 언

「옴 치림」(세 번)
　옴 치 림

◇ 觀世音菩薩本心微妙六字大明王眞言

「옴 마니 반메 훔」(세번)

◇ 准提眞言

나무 사다남 삼막삼못다 구치남 다냐타

「옴 자례주례 준제 사바하 부림」(세번)

我今持誦大准提 아금지송대준제
即發菩提廣大願 즉발보리광대원
願我定慧速圓明 원아정혜속원명
願我功德皆成就 원아공덕개성취
願我勝福遍莊嚴 원아승복변장엄
願共眾生成佛道 원공중생성불도

如來十大發願文 여래십대발원문

願我永離三惡道 원아영리삼악도
願我速斷貪瞋癡 원아속단탐진치
願我常聞佛法僧 원아상문불법승
願我勤修戒定慧 원아근수계정혜

◇ 發四弘誓願 (발사홍서원)

願我恒隨諸佛學 (원아항수제불학)
願我決定生安養 (원아결정생안양)
願我分身遍塵刹 (원아분신변진찰)

願我不退菩提心 (원아불퇴보리심)
願我速見阿彌陀 (원아속견아미타)
願我廣度諸衆生 (원아광도제중생)

衆生無邊誓願度 (중생무변서원도)
煩惱無盡誓願斷 (번뇌무진서원단)
法門無量誓願學 (법문무량서원학)
佛道無上誓願成 (불도무상서원성)

自性衆生誓願度 자성중생서원도
自性法門誓願學 자성법문서원학
自性煩惱誓願斷 자성번뇌서원단
自性佛道誓願成 자성불도서원성

◇ 發願已歸命禮三寶 발원이귀명례삼보

「南無常住十方佛 나무상주시방불
南無常住十方法 나무상주시방법
南無常住十方僧」〔세번〕 나무상주시방승

千手經
천수경

◇ 淨口業眞言
정구업진언

「수리수리 마하수리 수수리 사바하」(세번)

◇ 五方內外安慰諸神眞言
오방내외안위제신진언

「나무 사만다 못다남 옴 도로도로

「지미사바하」〈세번〉

◇ 開經偈
　　개경게

無上甚深微妙法
무상심심미묘법

百千萬劫難遭遇
백천만겁난조우

我今聞見得受持
아금문견득수지

願解如來眞實意
원해여래진실의

◇ 開法藏眞言
　　개법장진언

「옴 아라남 아라다」〈세번〉

千手千眼 觀自在菩薩 廣大圓滿
천수천안 관자재보살 광대원만

無碍大悲心 大陀羅尼 啓請
무애대비심 대다라니 계청

稽首觀音大悲呪 願力弘深相好身
계수관음대비주 원력홍심상호신

千臂莊嚴普護持 千眼光明遍觀照
천비장엄보호지 천안광명변관조

眞實語中宣密語 無爲心內起悲心
진실어중선밀어 무위심내기비심

速令滿足諸希求 永使滅除諸罪業
속령만족제희구 영사멸제제죄업

天龍衆聖同慈護 천룡중성동자호
百千三昧頓熏修 백천삼매돈훈수
受持身是光明幢 수지신시광명당
受持心是神通藏 수지심시신통장
洗滌塵勞願濟海 세척진로원제해
超證菩提方便門 초증보리방편문
我今稱誦誓歸依 아금칭송서귀의
所願從心悉圓滿 소원종심실원만
南無大悲觀世音 나무대비관세음
願我速知一切法 원아속지일체법
南無大悲觀世音 나무대비관세음
願我早得智慧眼 원아조득지혜안

南無大悲觀世音 나무대비관세음
南無大悲觀世音 나무대비관세음
南無大悲觀世音 나무대비관세음
南無大悲觀世音 나무대비관세음
南無大悲觀世音 나무대비관세음
南無大悲觀世音 나무대비관세음

願我速度一切衆 원아속도일체중
願我早得善方便 원아조득선방편
願我速乘般若船 원아속승반야선
願我早得越苦海 원아조득월고해
願我速得戒定道 원아속득계정도
願我早登圓寂山 원아조등원적산

南無大悲觀世音 나무대비관세음
願我速會無爲舍 원아속회무위사

南無大悲觀世音 나무대비관세음
願我早同法性身 원아조동법성신

我若向刀山 아약향도산
刀山自摧折 도산자최절

我若向火湯 아약향화탕
火湯自消滅 화탕자소멸

我若向地獄 아약향지옥
地獄自枯渴 지옥자고갈

我若向餓鬼 아약향아귀
餓鬼自飽滿 아귀자포만

我若向修羅 惡心自調伏
아약향수라 악심자조복

我若向畜生 自得大智慧
아약향축생 자득대지혜

南無觀世音菩薩摩訶薩
나무관세음보살마하살

南無大勢至菩薩摩訶薩
나무대세지보살마하살

南無千手菩薩摩訶薩
나무천수보살마하살

南無如意輪菩薩摩訶薩
나무여의륜보살마하살

南無大輪菩薩摩訶薩 나무대륜보살마하살

南無觀自在菩薩摩訶薩 나무관자재보살마하살

南無正趣菩薩摩訶薩 나무정취보살마하살

南無滿月菩薩摩訶薩 나무만월보살마하살

南無水月菩薩摩訶薩 나무수월보살마하살

南無軍茶利菩薩摩訶薩 나무군다리보살마하살

南無十一面菩薩摩訶薩
나무 십일면보살 마하살

南無諸大菩薩摩訶薩
나무 제대보살 마하살

「南無本師阿彌陀佛」(세번)
나무 본사 아미타불

◇ 神妙章句大陀羅尼
신묘장구대다라니

나모라 다나다라 야야 나막알약 바로기제 새바라야 모지사다바야 마하사다바야 마하가로 니가야 옴 살바 바예수 다라나 가라야 다사명 나막 까리다바 이맘알야 바로기제 새

바라다 바니라간타 나막하리나야 마발다 이사미 살발타 사다남 수반 아예염 살바보다남 바바말아 미수 다감 다냐타 옴 아로계 아로가마지 로가 지가란제 혜혜하례 마하모지 사다바 사마라 사마라 하리나야

로 루 로 갈 마 사 다 야
미 로 마 하 미 연 제 다 라 라 다
린 제 새 바 라 자 라 자 라 마 라 미 마
라 나 례 새 바 라 자 라 자 라 마 라 미 마
라 아 마 라 몰 제 예 혜 혜 로 계 새 바 라
나 미 나 사 야 나 베 사 미 사 미
나 사 야 모 하 자 라 미 사 미 나 사 야 호

로 호 로 마 라 호 로 마 나 바
사 라 사 라 시 리 시 리 소 로 소 로 못 쟈
못 쟈 모 다 야 모 다 리 야 니 라
간 라 가 마 사 날 사 남 바 라 하 리 나 야
마 나 사 바 하 싯 다 야 사 바 하 마 하 싯
다 야 사 바 하 싯 다 유 예 새 바 라 야 사

바하 니라 간 타야 사바하 바라하 목

카싱하 목 카야 사바하 바나마 하 따

야 사 하 자 가 라 옥 다 야 사바하 상

카 섭 나 녜 모 다 나 야 사 바 하 마 하 라

구 타 다 라 야 사 바 하 바 마 사 간 타 이

사 시 체 다 가 릿 나 이 나 야 사 바 하 먀

가라 잘마이바 사나야 사바하

「나모라 다나다라 야야 나막알야 바로기제 새바라야 사바하」(세번)

◇ 四方讚 사방찬

一灑東方潔道場 일쇄동방결도량
二灑南方得清凉 이쇄남방득청량
三灑西方俱淨土 삼쇄서방구정토
四灑北方永安康 사쇄북방영안강

◇ 道場讚 도량찬

道場清淨無瑕穢 도량청정무하예
三寶天龍降此地 삼보천룡강차지
我今持誦妙眞言 아금지송묘진언
願賜慈悲密加護 원사자비밀가호

◇ 懺悔偈
참회게

我昔所造諸惡業
아석소조제악업

從身口意之所生
종신구의지소생

皆由無始貪瞋癡
개유무시탐진치

一切我今皆懺悔
일체아금개참회

◇ 懺除業障十二尊佛
참제업장십이존불

南無懺除業障寶勝藏佛
나무참제업장보승장불

寶光王火炎照佛
보광왕화염조불

一切香火自在力王佛 (일체향화자재력왕불)

百億恒河沙決定佛 (백억항하사결정불) 振威德佛 (진위덕불)

金剛堅强消伏壞散佛 (금강견강소복괴산불)

寶光月殿妙音尊王佛 (보광월전묘음존왕불)

歡喜藏摩尼寶積佛 (환희장마니보적불)

無盡香勝王佛 (무진향승왕불)

獅子月佛(사자월불) 歡喜莊嚴珠王佛(환희장엄주왕불)

帝寶幢摩尼勝光佛(제보당마니승광불)

◇ 十惡懺悔(십악참회)

殺生重罪今日懺悔(살생중죄금일참회) 偸盜重罪今日懺悔(투도중죄금일참회)

邪淫重罪今日懺悔(사음중죄금일참회) 妄語重罪今日懺悔(망어중죄금일참회)

綺語重罪今日懺悔(기어중죄금일참회) 兩舌重罪今日懺悔(양설중죄금일참회)

惡口重罪今日懺悔 악구중죄금일참회
瞋愛重罪今日懺悔 탐애중죄금일참회
瞋恚重罪今日懺悔 진에중죄금일참회
癡暗重罪今日懺悔 치암중죄금일참회
百劫積集罪 백겁적집죄
一念頓蕩除 일념돈탕제
如火焚枯草 여화분고초
滅盡無有餘 멸진무유여
罪無自性從心起 죄무자성종심기
心若滅時罪亦亡 심약멸시죄역망
罪亡心滅兩俱空 죄망심멸양구공
是則名爲眞懺悔 시즉명위진참회

◇ 懺悔眞言
참회진언

「옴 살바 못자 모지 사다야 사바하」(세번)

准提功德聚
준제공덕취
寂靜心常誦
적정심상송
一切諸大難
일체제대난
無能侵是人
무능침시인
天上及人間
천상급인간
受福如佛等
수복여불등
遇此如意珠
우차여의주
定獲無等等
정획무등등

「南無七俱胝佛母大准提菩薩」(세번)
나무 칠 구 지 불 모 대 준 제 보 살

◇ 淨法界眞言
　정 법 계 진 언

「옴 남」(세번)

◇ 護身眞言
　호 신 진 언

「옴 치림」(세번)

◇ 觀世音菩薩本心微妙六字大明王眞言 (관세음보살본심미묘육자대명왕진언)

「옴 마니 반메 훔」(세번)

◇ 准提眞言 (준제진언)

「나무 사다남 삼먁삼못다 구치남 다냐타 옴 자례 주례 준제 사바하 부림」(세번)

我今持誦大准提 (아금지송대준제)
即發菩提廣大願 (즉발보리광대원)
願我定慧速圓明 (원아정혜속원명)
願我功德皆成就 (원아공덕개성취)
願我勝福遍莊嚴 (원아승복변장엄)
願共衆生成佛道 (원공중생성불도)

○ 如來十大發願文 (여래십대발원문)

願我永離三惡道 (원아영리삼악도)
願我速斷貪瞋癡 (원아속단탐진치)
願我常聞佛法僧 (원아상문불법승)
願我勤修戒定慧 (원아근수계정혜)

願我恒隨諸佛學
원아항수제불학

願我決定生安養
원아결정생안양

願我分身遍塵刹
원아분신변진찰

願我不退菩提心
원아불퇴보리심

願我速見阿彌陀
원아속견아미타

願我廣度諸衆生
원아광도제중생

◯ 發四弘誓願
발사홍서원

衆生無邊誓願度
중생무변서원도

煩惱無盡誓願斷
번뇌무진서원단

法門無量誓願學
법문무량서원학

佛道無上誓願成
불도무상서원성

自性衆生誓願度 자성중생서원도
自性法門誓願學 자성법문서원학
自性煩惱誓願斷 자성번뇌서원단
自性佛道誓願成 자성불도서원성

◇ 發願已歸命禮三寶 발원이귀명례삼보

『南無常住十方佛 나무상주시방불
南無常住十方法 나무상주시방법
南無常住十方僧』 나무상주시방승 〈세번〉

한글 천수경[千手經]

무비 스님

◇입으로 지은 죄업을 깨끗이 하는 진언[淨口業眞言]
"수리수리 마하수리 수수리 사바하"(세 번)
―훌륭하고 훌륭하신 분이시여,
크게 훌륭하시고, 지극히 훌륭하시고, 참으로 훌륭하십니다.―

◇모든 신들을 편안케 해주는 진언[五方內外安慰諸神眞言]
"나무 사만다 못다남 옴 도로도로 지미 사바하"(세 번)
―널리 온 우주에 가득히 계시는 부처님들께 귀의하며 받듭니다.
모든 신들이 신성하고 자연스럽게 안위되도록 바라고 성취되게 하십시오.―

◇경을 펼치는 게송[開經偈]
부처님의 법은 가장 높고 가장 깊고 가장 미묘해서
수억만 년의 오랜 세월 동안에도 만나뵙기 어렵습니다.
저는 이제 불법을 듣고 경전을 보고 간직하오니
원컨대 부처님의 진실한 뜻 잘 알게 해주십시오.

◇진리의 법장을 여는 진언[開法藏眞言]
"옴 아라남 아라다"(세 번)
―번뇌가 없는 편안한 마음으로 깊은 경지에 도달하게 하십시오.―

천수천안 관세음보살님의 광대하고 원만하고 걸림없는 대자비심의
위대한 다라니를 열어 청합니다.
자비의 어머니 관세음보살 대비주께 머리 숙여 귀의합니다.
님의 원력은 넓고 깊으며 그 모습은 너무나 원만하여
천 개의 팔로써 장엄해서 우리를 널리 보호하고 감싸주시며
천 개의 눈으로 빛을 내어 두루 널리 관찰하여 비추십니다.

진실한 말 가운데 비밀스럽고 불가사의한 말씀을 베풀어
아무 조건 없는 가운데 자비심을 일으킵니다.
중생들의 온갖 소원 하루 속히 이뤄져서 만족하게 하시고
모든 죄업 영원히 소멸시켜 없애주십니다.

천룡, 모든 성인들이 함께 자비로써 보호하시어
백천 가지 온갖 삼매를 한꺼번에 닦아서
이 법을 받아지닌 저의 몸은 큰 광명의 깃발이며
이 법을 받아지닌 저의 마음은 신통의 창고와 같으니
온갖 번뇌를 씻어내고 원하는 바를 성취하여
깨달음의 방편문 속히 얻게 되어
제가 이제 관음의 대비주를 칭송하고 귀의하오니
원하는 바가 자신의 뜻대로 전부 이뤄집니다.

자비하신 관세음께 귀의하오니, 일체의 모든 법을 빨리 알게 해주십시오.
자비하신 관세음께 귀의하오니, 지혜의 눈을 빨리 뜨게 해주십시오.
자비하신 관세음께 귀의하오니, 모든 중생 빨리 제도케 해주십시오.
자비하신 관세음께 귀의하오니, 좋은 방편을 빨리 얻게 해주십시오.

자비하신 관세음께 귀의하오니, 지혜의 배를 빨리 타게 해주십시오.
자비하신 관세음께 귀의하오니, 괴로움의 바다 빨리 건너게 해주십시오.
자비하신 관세음께 귀의하오니, 계정의 길을 빨리 얻게 해주십시오.
자비하신 관세음께 귀의하오니, 열반의 산에 빨리 오르게 해주십시오.
자비하신 관세음께 귀의하오니, 무위의 집에 빨리 모이게 해주십시오.
자비하신 관세음께 귀의하오니, 법성의 몸 빨리 이루게 해주십시오.

제가 만약 칼산에 가면 칼산이 저절로 무너져버리고
제가 만약 화탕지옥에 가면 화탕지옥이 저절로 소멸되어지며
제가 만약 지옥에 가면 지옥이 저절로 말라서 없어지고
제가 만약 아귀 있는 곳에 가면 아귀가 저절로 배가 불러지며
제가 아수라에 가면 악한 마음이 저절로 없어지고
제가 만약 축생의 세계로 가면 축생 스스로 큰 지혜 얻게 됩니다.

나무관세음보살마하살님께 귀의합니다.
나무대세지보살마하살님께 귀의합니다.
나무천수보살마하살님께 귀의합니다.
나무여의륜보살마하살님께 귀의합니다.
나무대륜보살마하살님께 귀의합니다.
나무관자재보살마하살님께 귀의합니다.
나무정취보살마하살님께 귀의합니다.
나무만월보살마하살님께 귀의합니다.
나무수월보살마하살님께 귀의합니다.
나무군다리보살마하살님께 귀의합니다.
나무십일면보살마하살님께 귀의합니다.

나무제대보살마하살님께 귀의합니다.

"나무본사아미타불마하살님께 귀의합니다."(세 번)

◇ 신묘하고 불가사의한 큰 다라니 [神妙章句大陀羅尼]

(1)나모라 다나다라 야야(2)나막알약 바로기제 새바라야 모지사다바야 마하사다바야 마하가로 니가야(3)옴 살바 바예수 다라나 가라야 다사명 나막까리다바 이맘알야 바로기제 새바라 다바(4)니라간타 나막하리나야 마발다 이사미 살발타 사다남 수반아예염 살바 보다남(5)바바말아 미수다감 다냐타 옴 아로계 아로가 마지로가 지가란제 혜혜하례(6)마하모지 사다바 사마라 사마라 하리나야 구로구로 갈마 사다야 사다야 도로도로 미연제(7)마하미연제다라 다라 다린 나례 새바라 자라자라 마라미마라 아마라 몰제예혜혜(8)로계 새바라 라아 미사미 나사야 나베사미사미 나사야 모하자라 미사미 나사야 호로호로(9)마라호로 하례바나마 나바사라사라 시리시리 소로소로 못쟈못쟈 모다야 모다야(10)매다리야 니라간타 가마사 날사남 바라 하리 나야 마낙사바하(11)싯다야 사바하(12)마하싯다야 사바하(13)싯다유예 새바라야 사바하(14)니라간타야 사바하(15)바라하 목카 싱하 목카야 사바하(16)바나마 하따야 사바하(17)자가라욕다야 사바하(18)상카섭나녜 모다나야 사바하(19)마하라 구타다라야 사바하(20)바마사간타 이사 시체다 가릿나이나야 사바하(21)먀가라 잘마이바 사나야 사바하

"나모라 다나다라 야야 나막알야 바로기제 새바라야 사바하"(세 번)

(1)삼보께 귀의합니다(2)성관자재보살 마하살 대비존께 귀의합니다(3)일체의 두려움을 구제해 주시는 저 어진 관세음보살님께 귀의합니다(4)저, 청경이란 명성 높은 마음의 주(呪)에 회귀하옵니다. 일체의 목적, 일체의 이익을 성취하시고 길상으로서 일체의 모든 정영, 귀신들이 이길 수 없는 분이시여(5)모든

삶의 길에서 우리를 청정케 하옵시는 분이시여. 옴! 광명존이시여, 광명의 지혜존이시여, 오오, 관세음이시여, 우리를 피안으로 실어나르시옵소서(6)위대한 보살이시여, 우리가 외우는 진언을 기억하옵소서, 기억하옵소서, 작업을 시행하옵소서, 실행하옵소서, 성취케 하옵소서, 성취케 하옵소서, 우리를 보호하고 굳게 지켜주옵소서, 우리를 보호하고 굳게 지켜 주옵소서, 우리를 보호하고 굳게 지켜 주옵소서, 승리자시여, 승리자시여(7)위대하신 승리자시여, 보호해 주옵소서, 보호해 가지는 주인이시여, 자재존이시여, 발동하옵소서, 발동하옵소서, 우리들의 불행을 초탈한 분이시여, 진구가 청정 원만한 분이시여, 우리에게로 오십시오, 오십시오(8)세간의 주인이신 자재존이시여, 탐심의 독을 소멸케 하옵소서, 진심의 독을 소멸케 하옵소서, 어리석음의 독을 소멸케 하옵소서 어서 빨리 가져가십시오, 취(取)해 가십시오(9)진구(때)를 취거하옵소서, 연꽃의 마음을 간직한 이여, 감로법수(甘露法水)를 유출하옵소서, 유출하옵소서, 감로의 지혜 광명을 유출하옵소서, 유출하옵소서, 감로의 덕(德)을 유출하옵소서, 깨치옵소서, 깨닫게 하옵소서(10)자비심이 깊으신 청경관음존이시여, 보는 것을 바라는 자에게 환희·공경심을 내게 하는 분이시여, 성취하게 하소서(11)성취하신 분이시여, 성취하게 하소서(12)위대하신 성취존이시여, 성취하게 하소서(13)요가를 성취하신 자재존이시여, 성취하게 하소서(14)청경, 관음존이시여, 성취하게 하소서(15)사자 얼굴의 관세음보살이시여, 성취하게 하소서(16)연꽃의 관음존이시여, 성취하게 하소서(17)큰바위를 들고 전투하는 관음존이시여, 성취하게 하소서(18)법소라 나팔 소리로써 깨닫게 하시는 관세음보살이시여, 성취하게 하소서(19)큰 곤봉을 가진 관음존이시여, 성취하게 하소서(20)왼쪽 어깨의 모서리를 지키는 흑색의 승리자이신 관음존이시여, 성취하게 하소서(21)호랑이 가죽 옷을 입은 관음존이시여, 성취하게 하소서.

―삼보께 귀의하며 받드옵니다. 성스런 관자재보살께 귀의합니다.―

◇ 동서남북의 사방을 찬탄함 [四方讚]

첫째, 동쪽을 향해 물을 뿌리면 도량이 맑아지고
둘째, 남쪽에 물을 뿌리면 시원함을 얻으며
셋째, 서쪽을 향해 물을 뿌리면 극락정토 이루고
넷째, 북쪽에 물 뿌리면 영원한 편안함을 얻는다.

◇ 도량이 깨끗함을 찬탄함 [道場讚]

도량이 깨끗해져서 티끌과 더러움이 없으니
불·법·승 삼보와 천룡 팔부가 이 땅에 내려오시어
제가 이제 묘한 진언(다라니) 받아 외우오니
원컨대 자비를 내려서 은밀하고 비밀스럽게 지켜주십시오.

◇ 죄를 참회하는 게송 [懺悔偈]

제가 먼 옛날부터 지은 모든 악업들
탐내고 화내고 어리석었기 때문이며
몸과 말과 뜻의 삼업으로 인해서 지었으니
모든 것들을 저는 이제 진심으로 참회합니다.

◇ 업장 참회를 증명하는 열두 부처님 [懺除業障十二尊佛]

참제업장 보승장불께 참회합니다.
보광왕화염조불께 참회합니다.
일체향화자재력왕불께 참회합니다.
백억항하사결정불께 참회합니다.
진위덕불께 참회합니다.

금강견강소복괴산불께 참회합니다.
보광월전묘음존왕불께 참회합니다.
환희장마니보적불께 참회합니다.
무진향승왕불께 참회합니다.
사자월불께 참회합니다.
환희장엄주왕불께 참회합니다.
제보당마니승광불께 참회합니다.

◇ 열 가지 악업을 참회 [十惡懺悔]

살생으로 지은 큰 죄 오늘 모두 참회합니다.
도둑질로 지은 큰 죄 오늘 모두 참회합니다.
부정으로 저지른 큰 죄 오늘 모두 참회합니다.
거짓말로 지은 큰 죄 오늘 모두 참회합니다.
아첨말로 지은 큰 죄 오늘 모두 참회합니다.
이간질로 지은 큰 죄 오늘 모두 참회합니다.
악담으로 지은 큰 죄 오늘 모두 참회합니다.
탐욕으로 지은 큰 죄 오늘 모두 참회합니다.
성냄으로 지은 큰 죄 오늘 모두 참회합니다.
어리석어 지은 큰 죄 오늘 모두 참회합니다.

백겁동안 쌓인 모든 죄업 한 순간에 모두 없어져서
마른 풀이 불에 태워지듯 죄 자취 남김없이 사라집니다.

죄는 본래 실체가 없는데 마음 좇아 일어난 것이므로
마음이 소멸되면 죄 또한 없어집니다.

죄와 마음이 없어져서 그 두 가지가 함께 텅비게 되면
이것이야말로 진짜 참된 참회라 하겠습니다.

◇죄업을 참회하는 진언 [懺悔眞言]
"옴 살바 못자 모지 사다야 사바하"(세 번)
―일체의 불보살님께 귀의합니다.―

준제진언의 큰 공덕을 항상 고요한 마음으로 외우면
일체의 모든 어려움도 이를 침범하지 못하리니
하늘이나 사람이나 모두 부처님처럼 똑같이 복받으며
이 여의주를 만난 이는 반드시 큰 깨달음을 얻을 것입니다.

"나무 칠구지불모 대준제보살"(세 번)
―칠억 부처님의 어머니인 위대한 준제보살님께 귀의합니다.―

◇법계를 깨끗이 하는 진언 [淨法界眞言]
"옴 남"(세 번)
― 일체의 모든 망상을 태워버리고 깨달음의 문에 들게 하십시오.―

◇몸을 보호하는 진언 [護身眞言]
"옴 치림"(세 번)
―일체 묘길상의 종자여, 모든 좋은 일이 자신으로부터 나옵니다.―

◇ 관세음보살님의 자비심을 지닌 육자 대명왕 진언 [觀世音菩薩本心微妙六字大明王眞言]

"옴 마니 반메 훔"(세 번)

─처음부터 끝까지 마음의 구슬로 연꽃을 피웁니다.─

◇ 준제보살의 진언 [准提眞言]

"나무 사다남 삼먁삼못다 구치남 다냐타 옴 자례주례 준제 사바하 부림"(세 번)

─칠억 부처님께 귀의합니다. 일체 청정의 어른이시여, 성취하십시오.─

제가 이제 대준제진언을 외워 지니노니

곧 보리심을 발하고 넓고 큰 원 발해지이다.

원컨대 제가 삼매를 통해서 정과 지혜가 원만히 밝아지고

크고 작은 모든 공덕이 다 성취되어지이다.

원컨대 제가 훌륭한 복으로 모든 것이 성취되고

모든 중생이 다 함께 불도 이뤄지이다.

◇ 부처님께 십대발원 세움 [如來十大發願文]

원컨대 저는 지옥·아귀·축생의 삼악도를 영원히 떠나서 살기를 원합니다.

원컨대 저는 탐·진·치 삼독을 빨리 끊기를 원합니다.

원컨대 저는 항상 불·법·승 삼보에 대해 듣기를 원합니다.

원컨대 저는 계·정·혜 삼학을 부지런히 닦기를 원합니다.

원컨대 저는 항상 모든 부처님의 법을 배우기를 원합니다.

원컨대 저는 깨달음의 마음에서 물러서지 않기를 원합니다.

원컨대 저는 반드시 극락세계에 태어나기를 원합니다.

원컨대 저는 이제 빨리 아미타불에 친견하기를 원합니다.

원컨대 저는 이제 몸이 먼지처럼 많은 곳에 두루 나투기를 원합니다.

원컨대 저는 모든 중생들을 널리 제도하기를 원하옵니다.

◇ 네 가지 큰 서원을 세움 [發四弘誓願]

끝없는 모든 중생을 맹세코 다 제도하기를 원합니다.

끝없는 번뇌를 맹세코 다 끊기를 원합니다.

끝없는 법문을 맹세코 모두 배우기를 원합니다.

끝없는 부처님의 깨달음을 맹세코 다 이루기를 원합니다.

자성 속의 중생을 맹세코 건지리다.

자성 속의 번뇌를 맹세코 끊으리다.

자성 속의 법문을 맹세코 배우리다.

자성 속의 깨달음을 맹세코 이루리다.

◇ 발원을 마치고 삼보님께 귀의함 [發願已歸命禮三寶]

시방세계에 항상 계시는 부처님께 귀의하며 받듭니다.

시방세계에 항상 있는 가르침에 귀의하며 받듭니다.

시방세계에 항상 계신 스님들께 귀의하며 받듭니다.(세 번)

회 향 문

사경제자 :   합장

사경마침 일시 :   년   월   일

정성스럽게 쓰신 사경본 처리 방법

- 가보로 소중히 간직합니다.
- 본인이 지니고 독송용으로 사용합니다.
- 다른 분에게 선물합니다.
- 돌아가신 분을 위한 기도용 사경은 절의 소대에서 불태워 드립니다.
- 법당, 불탑, 불상 조성시에 안치합니다.

도서출판 窓 "무량공덕 사경" 시리즈

제1권	반야심경 무비스님 편저	제11권	불설아미타경 무비스님 편저
제2권	금강경 무비스님 편저	제12권	원각경보안보살장 무비스님 편저
제3권	관세음보살보문품 무비스님 편저	제13권	천지팔양신주경 무비스님 감수
제4권	지장보살본원경 무비스님 편저	제14권	대불정능엄신주 무비스님 편저
제5권	천수경 무비스님 편저	제15권	수보살계법서 무비스님 편저
제6권	부모은중경 무비스님 편저	제16권	불설우란분경 무비스님 편저
제7권	목련경 무비스님 편저	제17권	미륵삼부경 무비스님 편저(근간)
제8권	삼천배 삼천불 무비스님 편저	제18권	화엄경약찬게 무비스님 편저(근간)
제9권	보현행원품 무비스님 감수	제19권	법성게 무비스님 편저(근간)
제10권	신심명 무비스님 편저	제20권	묘법연화경(전7권) 무비스님 편저(근간)

도서출판 窓 "무량공덕 우리말 사경" 시리즈(근간)

제1권	우리말 반야심경 무비스님 편저	제6권	우리말 부모은중경 무비스님 편저
제2권	우리말 금강경 무비스님 편저	제7권	우리말 예불문 무비스님 편저
제3권	우리말 관세음보살보문품 무비스님 편저	제8권	우리말 백팔대참회문 무비스님 편저
제4권	우리말 지장보살본원경 무비스님 편저	제9권	우리말 묘법연화경(전7권) 무비스님 편저
제5권	우리말 천수경 무비스님 편저	제10권	우리말 삼천배 삼천불 무비스님 감수

도서출판 窓 "묘법연화경 한지 사경" 시리즈 무비스님 감수

제1권	묘법연화경(제1품, 제2품)
제2권	묘법연화경(제3품, 제4품)
제3권	묘법연화경(제5품, 제6품, 제7품)
제4권	묘법연화경(제8품, 제8품, 제9품, 제10품, 제11품, 제12품, 제13품)
제5권	법연화경(제14품, 제15품, 제16품, 제17품)
제6권	묘법연화경(제18품, 제19품, 제20품, 제21품, 제22품, 제23품)
제7권	묘법연화경(제24품, 제25, 제26품, 제27품, 제28품)

※표지: 비단표지, 본문: 고급국산한지

¤ "무량공덕 사경" 시리즈는 계속 간행됩니다.

☆ 법보시용으로 다량주문시 특별 할인해 드립니다.
☆ 원하시는 불경의 독송본이나 사경본을 주문하시면 정성껏 편집·제작하여 드립니다.

◆무비(如天 無比) 스님
· 전 조계종 교육원장.
· 범어사에서 여환스님을 은사로 출가.
· 해인사 강원 졸업.
· 해인사, 통도사 등 여러 선원에서 10여년 동안 안거.
· 통도사, 범어사 강주 역임.
· 조계종 종립 은해사 승가대학원장 역임.
· 탄허스님의 법맥을 이은 강백.
· 화엄경 완역 등 많은 집필과 법회 활동.

▶저서와 역서
· 『금강경 강의』, 『보현행원품 강의』, 『화엄경』, 『예불문과 반야심경』, 『반야심경 사경』 외 다수.

千手經

초판 발행일 · 2005년 2월 15일
15쇄 펴낸날 · 2025년 1월 15일
편　　저 · 무비 스님
펴낸이 · 이규인
편　　집 · 천종근
펴낸곳 · 도서출판 窓
등록번호 · 제15-454호
등록일자 · 2004년 3월 25일

주소 · 서울특별시 마포구 대흥로 4길 49, 1층(월명빌딩)
전화 · 322-2686, 2687/팩시밀리 · 326-3218
e-mail · changbook1@hanmail.net
홈페이지 · http://www.changbook.co.kr

ISBN 978-89-7453-105-8　04220
정가　7,500원

* 파손된 책은 구입하신 서점이나 《도서출판 窓》에서 바꾸어 드립니다.
☞ 염화실(http://cafe.daum.net/yumhwasil)에서 무비스님의 강의를 들을 수 있습니다.